Doreen Blumhagen

Mein Weihnachts Lapbook

Kopiervorlagen zum Schneiden, Falten und Weitergestalten

Verlag an der Ruhr

Impressum

Titel
Mein Weihnachts-Lapbook
Kopiervorlagen zum Schneiden, Falten und Weitergestalten

Autorin
Doreen Blumhagen

Titelbildmotiv
Doreen Blumhagen

Illustrationen
Anja Boretzki, Norbert Höveler, Svenja Maibaum, Jens Müller,
Eva Spanjardt, Bettina Weyland, Astrid Wilkesmann, Dorothee Wolters

Verlag an der Ruhr
Mülheim an der Ruhr
www.verlagruhr.de

Geeignet für die Klassen 2–4

Unser Beitrag zum Umweltschutz:
Wir sind seit 2008 ein ÖKOPROFIT®-Betrieb und setzen uns damit aktiv für den Umweltschutz ein. Das ÖKOPROFIT®-Projekt unterstützt Betriebe dabei, die Umwelt durch nachhaltiges Wirtschaften zu entlasten. Unsere Produkte sind grundsätzlich auf chlorfrei gebleichtes und nach Umweltschutzstandards zertifiziertes Papier gedruckt.

ISBN 978-3-8346-3199-2

Printed in Germany

Inhaltsverzeichnis

Kopiervorlagen

Methodische und didaktische Hinweise

Wie entstanden Lapbooks?

Die ersten Lapbooks entstanden in der amerikanischen Homeschool-Bewegung. Dabei handelt es sich um eine besonders motivierende Möglichkeit für Schüler*, ihre Lern- und Arbeitsergebnisse zu einem Thema zu dokumentieren und zu präsentieren. Die Bezeichnung „Lapbook" bedeutet, dass die Mappe nur so groß ist, dass sie auf dem Schoß (engl. „lap") des Schülers Platz hat.

Was ist ein Lapbook?

Lapbooks sind individuelle Portfolios, die selbstständig von den Schülern erarbeitet werden. Es sind mehrmals aufklappbare Entdeckermappen, die viele verschiedene Minibücher mit Informationen zu einem Gesamtthema enthalten. Das Besondere daran ist, dass diese Minibücher z. B. zuerst aufgeklappt, gedreht oder durchgeblättert werden müssen, um die Informationen lesen zu können, wodurch die Neugier beim Lesenden geweckt wird. Solche Minibücher können z. B. kleine Hefte, Drehscheiben, Pop-Up-Karten, Umschläge, Leporellos oder Faltbücher sein.

Diese werden von den Schülern selbstständig bastelnd, malend und schreibend zu den Teilthemen gestaltet. Dabei kann es sich z. B. um Zeichnungen, Geschichten, Diagramme, Grafiken, Landkarten oder Steckbriefe handeln.

Die fertigen Minibücher werden von den Schülern gesammelt und auf einen Tonkarton, meist in der Größe DIN A3, geklebt. Der Tonkarton selbst wird auf DIN-A4-Größe gefaltet. Auf diese Weise entsteht ein großes Buch mit vielen kleinen Büchern.

* Aus Gründen der besseren Lesbarkeit haben wir in diesem Buch durchgehend die männliche Form verwendet. Natürlich sind damit auch immer Frauen und Mädchen gemeint, also Lehrerinnen, Schülerinnen etc.

Wie kann ein Lapbook im Unterricht eingesetzt werden?

Thematisch können Lapbooks zu allen Sachthemen des Grundschulunterrichts angefertigt werden, bei denen Schüler selbstständig Informationen sammeln, erarbeiten und dokumentieren. Die Erarbeitung von Lapbooks ist leicht in die Werkstatt- oder Wochenplanarbeit integrierbar und kann fächerübergreifend eingesetzt werden.

Aber auch im lehrerzentrierten Unterricht können Lapbooks eine Bereicherung sein, indem in jeder Unterrichtsstunde einer Lerneinheit ein Minibuch zu einem Teilthema erstellt wird.

Was sind die Vorteile eines Lapbooks?

Durch die optische Besonderheit und den Bastelaspekt ist die Erstellung eines Lapbooks für die Schüler sehr **motivierend**, da sie die Möglichkeit haben, etwas Einzigartiges und Individuelles zu gestalten.

Die Schüler arbeiten **selbstständig** und setzen sich **vertieft** mit einem Thema auseinander.

Lapbooks ermöglichen es, Themen **differenziert und individuell** zu erarbeiten. So können leicht unterschiedliche Schwierigkeitsgrade durch Impulse und Aufgabenstellungen gesteuert werden. Die Schüler haben die Möglichkeit, Teilthemen auszuwählen und auf verschiedene Art und Weise zu präsentieren. Sie können leicht eigene Ideen einbringen.

Die Erstellung eines Lapbooks kann in **Einzel-, Partner- oder Gruppenarbeit** erfolgen und eignet sich dadurch auch für den **inklusiven Unterricht**. Bei der Präsentation eines Lapbooks wird aufgrund des interaktiven Aspekts die **Neugier** bei dem Betrachter geweckt, immer wieder etwas Neues zu entdecken.

Lapbooks sind nach der Erarbeitung auch ideal zum **Lernen und Wiederholen** von Inhalten. Die Lösungen sind durch die Klappen zunächst abgedeckt. Die Schüler nennen die Lösungen und können diese eigenständig durch das Öffnen überprüfen.

Durch die Minibücher können **viele Informationen** zu einem Thema auf **wenig Platz** präsentiert werden. Das Lapbook wird auf DIN-A4-Größe gefaltet und passt, im Gegensatz zu einem herkömmlichen Plakat, in jeden Hefter. Als praktikabel hat sich die Aufbewahrung in einer Prospekthülle erwiesen.

Welches Material wird für die Gestaltung eines Lapbooks benötigt?

Zum Start benötigt jeder Schüler einen farbigen DIN-A3-Karton, der als Umschlag des Lapbooks auf DIN-A4-Größe gefaltet wird. Je nach Umfang der Arbeitsergebnisse kann dieser Umschlag während der Gestaltung des Lapbooks leicht durch einen zusätzlichen DIN-A3-Karton oder Einzelklappen für weitere Minibücher erweitert werden.

Für die Gestaltung der Minibücher eignen sich verschiedene Faltvorlagen in DIN A4, die kopiert und den Schülern zur Verfügung gestellt werden können. Die Schüler haben jedoch auch die Möglichkeit, eigene Minibücher zu entwerfen. Für die Gestaltung der meisten Faltvorlagen benötigen die Schüler Kleber, Schere sowie Bunt- und Schreibstifte. Für Drehelemente werden außerdem oft Musterklammern eingesetzt. Es bietet sich zudem an, ein Heftgerät zur Verfügung zu stellen.

Was muss für die Gestaltung eines Lapbooks vorbereitet werden?

Für die selbstständige Erarbeitung der Inhalte benötigen die Schüler Sachtexte, Lexika, Bilder usw. zu ihrem Thema. Zum Sammeln dieser Informationen sollten die Schüler ca. zwei Wochen Zeit bekommen. Hierzu bietet sich auch eine Einheit zur Recherche im PC-Raum an. Die anschließende Erarbeitung im Lapbook sollte durch Impulse gesteuert werden, jedoch genug Freiraum für eigene Ideen bieten.

Um den Schülern die Erstellung der Minibücher zu erleichtern, bietet es sich an, alle Vorlagen vorzubasteln und ihnen als Anschauungsbeispiel (ohne Inhalt) zur Verfügung zu stellen. Diese können auf einem Plakat oder in mehreren Lapbooks zentral im Klassenzimmer bereitgestellt werden.

Wie können Lapbooks präsentiert werden?

Aufgrund des interaktiven und entdeckenden Prinzips eines Lapbooks bietet sich die **mündliche Präsentation vor der Gesamtklasse** als Vortrag in einem Sitzkreis an. Idealer ist es, wenn sich die Schüler ihre Lapbooks in Partner- oder Kleingruppenarbeit vorstellen und „ausprobieren" können. Dazu klappen sie die Elemente auf und betrachten sie. Dabei ist es möglich, Fragen an den Schüler zu stellen, der das Lapbook erarbeitet hat.

Es ist auch möglich, die Arbeitsergebnisse in einem **Museumsrundgang** auszustellen und zu präsentieren. Dazu werden die Lapbooks auf Tischen ausgelegt, die möglichst weit voneinander entfernt stehen. Auf diese Weise wird der Klassenraum zum Museum, das besichtigt wird. Anschließend bieten sich zwei verschiedene Präsentationsformen an:

1) Um das persönliche, entdeckende Lernen zu fördern, sehen sich die Schüler die Lapbooks in **Einzel- oder Partnerarbeit** an und wechseln nach einer vorgegebenen Zeit die Tische.

2) Wurde zuvor in Gruppen gearbeitet, ist es möglich, dass die einzelnen Lapbooks durch „Experten" in **Kleingruppen** präsentiert werden. Die Gruppen werden neu gemischt und so zusammengestellt, dass niemand innerhalb der Gruppe vorher zusammengearbeitet hat. Die Gruppe wandert nun von Tisch zu Tisch, um sich die Lapbooks anzuschauen. Der jeweilige Schüler, der daran mitgearbeitet hat, präsentiert als Experte den Inhalt des Lapbooks.

Wie können Lapbooks bewertet werden?

Ein Lapbook kann zum einen nur als Leistungsdokumentation des Lernstandes und der individuellen Entwicklung eingesetzt werden. Zum anderen ist jedoch auch möglich, es bewusst als Instrument für eine Leistungsbewertung zu wählen.

Da das Gestalten eines Lapbooks Zeit in Anspruch nimmt, sollte dieses sowohl prozess- als auch ergebnisorientiert bewertet werden. Wichtig ist, dass die Kriterien für die Bewertung vorher genau festgelegt und transparent erklärt werden. Folgende Kriterien bieten sich an:

◎ Arbeitsverhalten
Die Erarbeitung eines Lapbooks geht prozessorientiert in die Bewertung ein. Hier spielen folgende Faktoren eine Rolle: Motivation, Selbstständigkeit, planvolles Vorgehen sowie konzentriertes und ausdauerndes Arbeiten.

◎ Gestaltung
Für eine ansprechende Gestaltung des Lapbooks ist es wichtig, dass die einzelnen Elemente sauber ausgeschnitten, gefaltet, geklebt, ausgemalt und beschrieben wurden. Im Fach Deutsch kann die Rechtschreibung einbezogen werden. Für das entdeckende Lernen sollten verschiedene Formate von Minibüchern ausgewählt und übersichtlich angeordnet sein, um bei dem Betrachter Neugier zu wecken. Eine besonders gute Gestaltung zeichnet sich durch eigene Bilder und das Einbringen eigener Ideen aus.

◎ Inhalt
Unabhängig vom jeweiligen Thema ist es wichtig, dass die Schüler den Inhalt vollständig, sinnvoll und richtig darstellen. Je nach Freiheit bei der Auswahl der Themen kann gefordertes Fachwissen mit Punkten bewertet werden oder Punkte auf die allgemeine Richtigkeit des Themas gegeben werden. Wichtig ist, dass das Lapbook beim Leser einen Wissenszuwachs erreicht und nicht nur Allgemeinwissen dargestellt wird. Wenn eigene Meinungen gefordert werden, sollte auch die Art und Weise der Begründung in die Bewertung eingehen. Eine besonders gute inhaltliche Erarbeitung zeichnet sich durch das Einbringen eigener Ideen aus.

◎ Präsentation
Bei einer mündlichen Präsentation des Lapbooks vor der Klasse gelten die gleichen Kriterien wie bei einem Kurzvortrag. Hierzu zählen z. B. der sinnvolle Aufbau und die Anschaulichkeit durch Erklärungen und Beispiele. Auch die sprachliche Gestaltung, freies Sprechen, das Sprechen in ganzen Sätzen, Blickkontakt und die Körperhaltung sollten hier bewertet werden. Das Beantworten der Fragen von Mitschülern kann ebenfalls einbezogen werden. Wenn statt einer mündlichen Präsentation eine Ausstellung (z. B. Museumsgang) gewählt wird, kann die Bewertung auch durch Klebepunkte erfolgen. Dabei können die Schüler für jedes Lapbook höchstens drei Klebepunkte für die Gestaltung, den Inhalt und den Gesamteindruck vergeben.

◎ Selbstreflexion
Für die umfassende Bewertung und reflexive Auseinandersetzung mit den Arbeitsergebnissen sollte auch die Selbstreflexion der Schüler einbezogen werden. Durch diese dokumentieren die Schüler, inwieweit sie in der Lage sind, ihren Lernprozess wahrzunehmen. Sie erhalten dabei die Möglichkeit, Bewährtes bei neuen Projekten wieder einzubringen, sich durch das Einsehen von Fehlern weiterzuentwickeln und sich eigene Ziele zu setzen.

◎ Besondere Leistungen
Besondere Ideen im Inhalt, in der Gestaltung und der Präsentation, aber auch besondere Leistungen im Arbeitsverhalten (z. B. anderen ohne Aufforderung zu helfen) können ebenfalls in die Bewertung einfließen und mit Zusatzpunkten positiv gewertet werden.

Hinweise zum Einsatz des Weihnachts-Lapbooks

Das Thema „Weihnachten"

Mithilfe des vorliegenden Materials haben die Schüler die Möglichkeit, sich ein individuelles Lapbook über die Weihnachtszeit zu gestalten.

Weihnachten als Zeit der gewünschten Verlangsamung, des Bastelns und des gemeinschaftlichen Tuns bietet sich sehr gut für die Erarbeitung eines Lapbooks an.

Für die Gestaltung stehen den Schülern **28 verschiedene Faltvorlagen** mit thematischen Impulsen zur Verfügung, aus denen sie auswählen können.

Die Impulse regen die Schüler dazu an, sich mit verschiedenen Themen rund um die Weihnachtszeit auseinanderzusetzen. Sie erwerben Sachwissen über Bräuche, reflektieren ihre eigenen Vorstellungen und Erfahrungen über Weihnachten, formulieren verschiedene Textarten und lernen den christlichen Hintergrund des Festes kennen.

Durch die motivierende Form der Präsentation als Lapbook werden die Inhalte optisch aufgewertet. Die entstandene Mappe bietet für den Betrachter viele Überraschungseffekte und regt zum Entdecken, Lernen und Sprechen an.

Zur Verwendung der Kopiervorlagen

Das Weihnachts-Lapbook eignet sich, je nach Auswahl der Aufgabenstellungen, als Einzel-, Partner- oder Gruppenarbeit. Je nach Wahl der Sozialform müssen **mindestens vier bis sechs Unterrichtsstunden** eingeplant werden.

Es ist jedoch auch möglich, verschiedene Elemente des Lapbooks über die Weihnachtszeit verteilt in **verschiedenen Einzelstunden** einzusetzen. Möglich ist auch der Einsatz als **Adventskalender**. Die Schüler erhalten und gestalten dann jeden Tag ein Buch für ihr Lapbook. Auf diese Weise können die Schüler zum 1. Advent damit beginnen und vor den Weihnachtsferien ihr fertig gestaltetes Lapbook mit nach Hause nehmen.

Auf den Kopiervorlagen für die verschiedenen Minibücher finden die Schüler sowohl die **Faltanleitungen** als auch **thematische Impulse**.

Aufgrund der Vielseitigkeit der thematischen Impulse bietet sich ein **fächerübergreifendes Arbeiten** an. Demnach können die Vorlagen in Deutsch, im Sachunterricht, Englischunterricht sowie in Ethik bzw. Religion gestaltet werden. Die jeweiligen Schwerpunkte der Aufgaben sind in der Gesamtübersicht ausgewiesen.

Durch die Vielfalt der Kopiervorlagen ist es möglich, eine Vorauswahl zu treffen und den Schülern **Pflicht- und Wahlangebote** vorzugeben. Sie können Ihre Schüler aber auch frei aus allen Angeboten auswählen lassen. Für die Gestaltung eines Lapbooks aus einem DIN-A3-Karton sind etwa acht Minibücher notwendig. Diese Anzahl sollte als Minimum vorgegeben werden.

Benötigtes Zusatzmaterial

Für einzelne Vorlagen wird neben den Kopiervorlagen Zusatzmaterial benötigt. Dieses wird in der folgenden Gesamtübersicht der Angebote aufgeführt.

Übersicht der Kopiervorlagen

Allgemeine Vorlagen

Material	Beschreibung	Verwendungsmöglichkeiten	Benötigtes Zusatzmaterial
Symbole (S. 12)	Erklärung der Symbole auf den Kopiervorlagen	✔ Aushang im Klassenzimmer ✔ Erklärung zu Beginn der Arbeit	
Faltanleitung Lapbook (S. 13)	Anleitung zum Falten eines einfachen Umschlages für ein Lapbook	✔ Kopien für die Schülerhand ✔ gemeinsames Falten beim erstmaligen Gestalten eines Lapbooks	für jeden Schüler: ✔ ein farbiger DIN-A3-Karton ✔ ein farbiges DIN-A4-Blatt
Deckblatt (S. 14)	Vorlagen für das Deckblatt mit Titel, Namen, Klasse, Fach und Datum	✔ Kopien für die Schülerhand ✔ Vorlage als Beispiel ✔ nur Vorgabe der Rahmendaten (Name, Klasse, Fach, Datum), sonst freie Gestaltung durch die Schüler	
Christbaumschmuck (S. 15)	Sachtext über die biblische und traditionelle Bedeutung des Christbaumschmucks	Allgemeine Hinweise zu den Sachtexten: Für die Bearbeitung einzelner Faltvorlagen benötigen die Schüler Zusatzinformationen. Die Texte sollten den Schülern in 2- bis 3-facher Ausführung an einem zentralen Platz im Klassenzimmer zur Verfügung gestellt werden. Die Schüler holen sich die Texte und bringen sie nach Bearbeitung der Aufgabe zurück. Für den mehrfachen Einsatz empfiehlt es sich, die Vorlagen zu laminieren oder durch eine Prospekthülle zu schützen.	✔ Laminierfolien oder Prospekthüllen
Nikolaus und Weihnachtsmann (S. 16)	Sachtext über die historische Person des Heiligen Nikolaus und Legende des Kornwunders; Sachtext über die Entstehung der Figur des Weihnachtsmannes		
Weihnachten rund um die Welt (S. 17)	Sachtext über verschiedene Weihnachtsbräuche in anderen Ländern		
So ist mein Weihnachts-Lapbook (S. 18)	Einschätzung ihres eigenen Lernprozesses durch die Schüler während der Erstellung des Lapbooks	✔ Einzelarbeit nach Fertigstellung des Lapbooks	
Bewertung deines Weihnachts-Lapbooks (S. 19)	Bewertungsbogen mit vorgegebenem Kriterienraster zur prozess- und ergebnisorientierten Bewertung	✔ Beobachtung des Lernverhaltens ✔ Einschätzung des Lapbooks, der Selbstreflexion und der mündlichen Präsentation	

Faltvorlagen

Faltvorlage	Beschreibung	Inhaltliche Schwerpunkte	Zusatzmaterial (Lehrer)
Schwerpunkt Deutsch:			
Weihnachten mit allen Sinnen (S. 20)	einfaches Flip-Flap mit fünf Klappen	✔ Sensibilisierung (riechen, schmecken, hören, sehen, fühlen) ✔ Wortschatzerweiterung ✔ Namenwörter/Substantive (auch Abstrakta), die die Schüler mit Weihnachten verbinden	
Mein Wunschzettel (S. 21)	Brief	✔ eigene Wünsche für das Weihnachtsfest und Fragen an den Weihnachtsmann bzw. das Christkind formulieren	✔ DIN-A5-Schreibblatt mit Lineatur
Weihnachts-Wörter (S. 22)	Stern mit acht klappbaren Zacken	✔ zusammengesetzte Substantive mit dem Bestimmungswort „Weihnachten" bilden und aufschreiben	
Mein Weihnachts-Elfchen (S. 23)	Flügeltür mit Sternen zum Öffnen	✔ Elfchen zu einem selbstgewählten Weihnachtswort schreiben ✔ Faltbuch passend zum Inhalt des Gedichtes gestalten	
Plätzchen backen (S. 24)	Keksdose zum Öffnen	✔ Rezept für selbstgewählte Weihnachtsplätzchen formulieren	
Weihnachts-ABC (S. 25)	schmales Flip-Flap mit 26 kleinen Klappen	✔ für jeden Buchstaben des Alphabets ein Wort zur Thematik „Weihnachten" finden	
Mein schönstes Weihnachts-Erlebnis (S. 26)	großer, zusammenklappbarer Kreis	✔ Text über das schönste Weihnachts-Erlebnis schreiben und gestalten	✔ evtl. Schreibblatt zum Einkleben in den Kreis
Schwerpunkt Religion/Ethik:			
Mein perfektes Weihnachtsfest (S. 27)	Schneekugel zum Aufklappen	✔ eigene Vorstellung des „perfekten Weihnachtsfestes" reflektieren ✔ Vorstellung zeichnen und anhand von Impulsfragen formulieren	
Die biblische Weihnachtsgeschichte (S. 28/29)	Leporello	✔ Inhalt der biblischen Weihnachtsgeschichte kennenlernen bzw. wiederholen ✔ passende Bilder zu einzelnen Szenen der Weihnachtsgeschichte gestalten	
Nikolausstiefel (S. 30)	Nikolausstiefel mit Ausziehstreifen	✔ überlegen, wem man etwas Gutes tun könnte	
Nikolaus von Myra (S. 31/32)	Pop-Up-Karte mit zwei Aufstellbildern	✔ historische Person des Nikolaus von Myra und die Legende des Kornwunders kennenlernen ✔ mithilfe eines Textes einen Steckbrief über den Nikolaus erstellen	
Die Weihnachtsfarben (S. 33)	Stufenbuch in Form eines Sternes mit fünf Seiten	✔ Erklärungen den weihnachtlichen Farben Rot, Grün, Weiß und Gold zuordnen	
Fingerpuppen zur Weihnachtsgeschichte (S. 34/35)	sechs Fingerpuppen mit Aufbewahrungstasche in Stallform	✔ die Weihnachtsgeschichte nachspielen	

Faltvorlage	Beschreibung	Inhaltliche Schwerpunkte	Zusatzmaterial (Lehrer)
Besondere Tage in der Weihnachtszeit (S. 36)	Schmetterlings-Flip-Flap mit acht Klappen	✔ Daten und Feste im Dezember zuordnen: Advent, St. Barbara, Nikolaus, Heiligabend, Weihnachtsfeiertage, Silvester	
Unser Weihnachtsmenü (S. 37/38)	Register mit acht Seiten	✔ Weihnachtsessen am Heiligabend in der Familie vorstellen (Gäste, Tischdekoration, Vor-/Haupt-/Nachspeise und Getränke) ✔ Sätze formulieren	✔ Heftgerät
Christbaumschmuck (S. 39)	Fächer mit vier Tannenbäumen	✔ Informationen aus einem Text entnehmen ✔ wichtige Aussagen herausschreiben und gestalten	✔ Heftgerät
Der Weihnachtsmann (S. 40)	fünfblättrige Blüte mit Weihnachtsmannmütze	✔ Informationen aus einem Text über den Weihnachtsmann entnehmen ✔ Faltvorlage als Weihnachtsmann-Gesicht gestalten	
Adventsbräuche (S. 41/42)	sechs einfache Klappen mit abgebildeten Adventsbräuchen	✔ Bilder und Text zuordnen ✔ Adventsbräuche: Adventskranz, Lebkuchen, Lichterbogen, Adventskalender, Weihnachtskrippe, Weihnachtsmarkt	
Die Geschichte des Adventskranzes (S. 43)	Klappbuch mit Verschluss als Adventskranz	✔ einen Text über die Entstehung des Adventskranzes lesen und verstehen ✔ passende Lückenwörter an die richtige Stelle im Text einordnen	
Weihnachten rund um die Welt (S. 44)	Kreisbuch mit vier Seiten	✔ Informationen aus einem Text entnehmen ✔ Steckbriefe über das Weihnachtsfest in verschiedenen Ländern ausfüllen	✔ Musterklammern
Schwerpunkt Englisch:			
Christmas words (S. 45)	Fächer aus zwölf Rechtecken	✔ englische Weihnachtsvokabeln übersetzen und passenden Bildern zuordnen	✔ Musterklammern
The Christmas tree (S. 46)	Tasche mit sechs Karten	✔ einfache englische Sätze lesen und verstehen ✔ Christbaumschmuck in vorgegebener Anzahl auf einen leeren Tannenbaum zeichnen	
Schwerpunkt Musik:			
Mein liebstes Weihnachtslied (S. 47)	Glocke zum Aufklappen	✔ Lieblingsweihnachtslied abschreiben und gestalten	

Kopiervorlagen

Symbole

Diese Symbole findest du auf den Materialien.
Sie bedeuten:

Schneide- und Faltvorlage:
Schneide die Vorlage aus und falte diese wie angegeben.
Schneidelinie: __ __ __ __ __ __
Faltlinie: ....
Klebe die Vorlage wie angegeben zusammen.
Bearbeite die Aufgabe und fülle das Minibuch entsprechend aus.

Infotext:
Dieses Material gibt dir die notwendigen Informationen, um die Aufgabe in deinem Minibuch richtig zu lösen.
Bist du damit fertig, legst du es wieder zurück.

Zusatzmaterial:
Um die Aufgabe lösen zu können,
musst du Zusatzmaterial sammeln.
➔ Plätzchenrezept, Liedtext, Fotos, Bilder ...

Viel Spaß!

ISBN 978-3-8346-3199-2 | www.verlagruhr.de

Faltanleitung Lapbook

① Wähle dir einen farbigen DIN-A3-Tonkarton aus und falte ihn in der Mitte. Klappe ihn wieder auseinander.
Tipp: Wähle für deine Lapbook-Hülle typische Weihnachtsfarben wie Rot, Grün, Weiß oder Gelb aus.

② Falte beide Enden zur Mittellinie und wieder auseinander.

③ Wähle dir ein farbiges DIN-A4-Blatt aus und klebe es in die Mitte.

④ Klappe die beiden äußeren Seiten zu. Dein Lapbook ist fertig.

⑤ Wenn du während der Arbeit an deinem Lapbook feststellst, dass du mehr Platz benötigst, kannst du oben und unten noch weitere Klappen ankleben. Verwende dazu am besten Klebeband.

❻ Gestalte die Vorderklappen deines Lapbooks mit Namen und Titel. Vergiss deine Klasse, das Fach und das Datum nicht. Du kannst dazu die Vorlagen („Deckblatt") verwenden oder die Klappen frei gestalten.

⑦ Klebe deine bearbeiteten Minibücher in den Innenteil deines Lapbooks. Lege aber vor dem Einkleben alle auf und überlege, wie du sie am besten verteilen könntest.

①

②

③
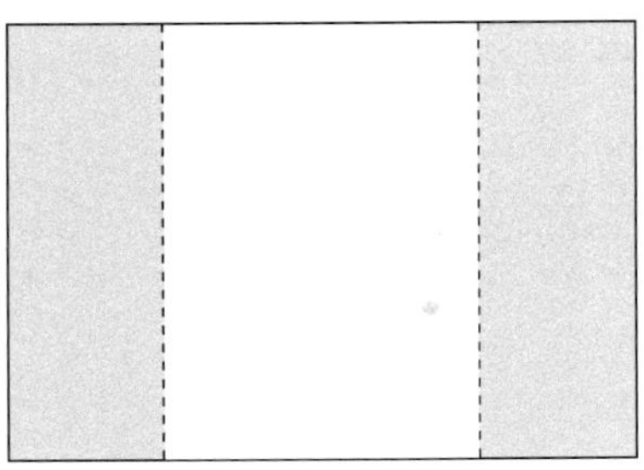

④
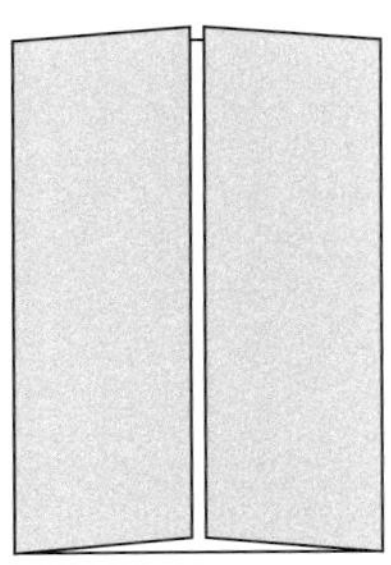

⑤
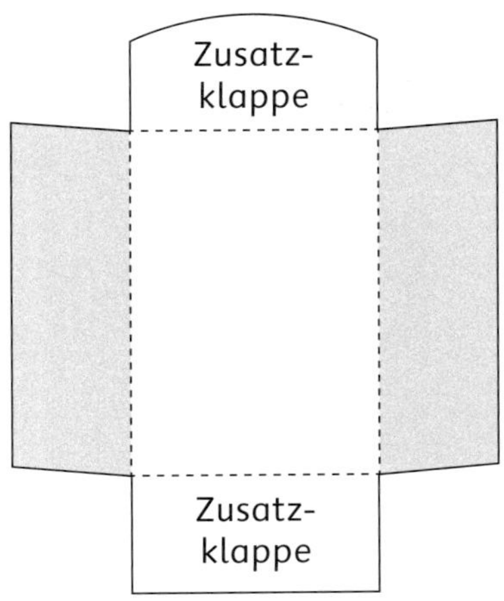

ISBN 978-3-8346-3199-2 | www.verlagruhr.de

Deckblatt

① Schneide die Vorlage für Namen, Klasse, Fach und Datum aus. Klebe sie auf die Vorderklappen deines Lapbooks.

❷ Ergänze die Angaben mit deinen Daten.

③ Wähle dir eine Schriftart für die Überschrift aus, mit der du deine Titelseite gestalten möchtest. Gestalte sie farbig und klebe sie auf dein Lapbook.

④ Gestalte deine Titelseite mit weihnachtlichen Bildern.

Tipp: Auf den Faltvorlagen findest du Bilder, die du für die Gestaltung deines Lapbooks nutzen kannst. Du kannst aber auch Fotos oder ausgeschnittene Bilder aus Zeitschriften verwenden oder selbst Bilder zeichnen.

Name: ....

Klasse: ....

Fach: ....

Datum: ....

ISBN 978-3-8346-3199-2 | www.verlagruhr.de

Christbaumschmuck

Den Brauch, zu Weihnachten einen Tannenbaum zu schmücken, gibt es noch nicht lange. Im Mittelalter verzierten die Menschen ihre Häuser im Winter mit grünen Tannenzweigen, um an das Leben zu erinnern. Die Zweige sollten die Familie vor Krankheiten und dem Tod beschützen. Erst seit dem 19. Jahrhundert wird kurz vor Heiligabend ein Tannenbaum in den Wohnungen aufgestellt und geschmückt. Der Baumschmuck erinnert an die biblische Weihnachtsgeschichte und an alte Traditionen zur Weihnachtszeit.

Sterne erinnern an die drei Weisen der biblischen Weihnachtsgeschichte. Sie folgten einem besonders hellen Stern, der sie zu Jesus Christus führte.

Die **Kerzen** sind ein Symbol für Jesus. In der Bibel sagte Jesus: „Ich bin das Licht der Welt." Er kam, um die Dunkelheit und Angst auf der Welt zu vertreiben.

Goldene **Engel** erinnern an die biblische Geschichte, als die Engel den Hirten auf dem Feld von der Geburt Jesu erzählten.

Früher schmückten keine **Weihnachtskugeln**, sondern rote Äpfel den Tannenbaum. Diese sollten an die verbotene Frucht im Paradies und die Geschichte von Adam und Eva erinnern. Die Kugeln bedeuten, dass durch Jesu Leid die Sünden von Gott vergeben wurden.

Die **roten Schleifen** erinnern an das Blut Jesu, das er bei seinem Tod am Kreuz für die Menschen vergossen hat. An Weihnachten soll nicht nur an die Geburt Jesu, sondern an sein ganzes Leben gedacht werden.

Manche Familien hängen kleines **Holzspielzeug** an ihren Tannenbaum. Früher bekamen die Kinder nur kleine Geschenke, die an den Tannenbaum gehängt wurden. Die Geschenke erinnern an Jesus, der den Menschen von Gott geschenkt wurde.

Kleine **Süßigkeiten** erinnern daran, dass die Weihnachtsbäume früher nur mit Plätzchen und Lebkuchen geschmückt wurden, die die Kinder nach und nach naschen durften. Der Tannenbaum hieß in dieser Zeit auch „Zuckerbaum".

ISBN 978-3-8346-3199-2 | www.verlagruhr.de

Nikolaus und Weihnachtsmann

Der Nikolaus

Am Nikolaustag finden die Kinder kleine Geschenke, Äpfel und Nüsse in ihren geputzten Stiefeln. Aber wer ist eigentlich der Nikolaus?
Viele verwechseln den Nikolaus mit dem Weihnachtsmann. Doch Nikolaus hatte keinen roten Mantel und keine rot-weiße Mütze. Er trug das traditionelle Gewand eines Bischofs, die Mitra (Bischofsmütze) und einen Bischofsstab. Nikolaus war ein Bischof. Er ist keine erfundene Figur, sondern er lebte wirklich.
Sein vollständiger Name war Nikolaus von Myra. Er lebte im 3. Jahrhundert in Lykien, der heutigen Türkei. Nikolaus war dafür bekannt, dass er freundlich und gut zu den Menschen war. Sein großes Vorbild war Jesus. Deshalb kümmerte er sich um Menschen in Not und verschenkte seinen gesamten Besitz, um anderen zu helfen. Über seine Taten werden viele Legenden erzählt. Eine Legende ist das Kornwunder. In Myra gab es eine große Hungersnot und die Menschen hatten nichts mehr zu essen. Da lief ein großes Kornschiff aus Ägypten in den Hafen ein. Die Menschen baten den Kapitän, ihnen etwas von dem Getreide abzugeben, aber der Kapitän half ihnen nicht. Er hatte Angst, dass sein Herr, dem das Korn gehörte, ihn bestrafen würde. Bischof Nikolaus überredete ihn, dass nichts passieren würde. Schließlich gab der Kapitän nach und schenkte den Menschen in Myra zwölf Säcke voll Korn. Als der Kapitän das restliche Getreide bei seinem Herrn ablieferte, geschah ein Wunder: Es fehlte kein einziges Korn Getreide. Am 6. Dezember soll Nikolaus gestorben sein. Deshalb erinnern wir uns an diesem Tag an seine guten Taten und machen anderen mit kleinen Geschenken eine Freude.

Der Weihnachtsmann

Der Weihnachtsmann ist in vielen Ländern der Welt bekannt. Er ist jedoch nur eine Märchenfigur und hat nicht wirklich gelebt. Es heißt, er wohnt mit seinen Elfen und Wichteln am Nordpol. Sie helfen ihm dabei, Geschenke für die Kinder zu basteln. In der Nacht vom 24. auf den 25. Dezember macht er sich mit seinem Schlitten auf den Weg zu den Kindern auf der ganzen Welt und bringt ihnen ihre Geschenke.
In Deutschland gibt es den Weihnachtsmann noch nicht lange. Traditionell brachte den Kindern das Christkind am Abend des 24. Dezember die Geschenke. Der Weihnachtsmann wurde erst durch Hollywoodfilme und die Coca-Cola-Werbung der 40er-Jahre in Deutschland bekannt. Um ihre Limonade auch im Winter gut zu verkaufen, verwendete Coca-Cola den Weihnachtsmann als internationale Werbefigur. Den Weihnachtsmann gab es zwar bereits vorher, aber er hatte keine einheitliche Kleidung. Durch Coca-Cola erhielt er mit den Firmenfarben den heute bekannten weißen Bart und den roten Wintermantel.

ISBN 978-3-8346-3199-2 | www.verlagruhr.de

Weihnachten rund um die Welt

Das Weihnachtsfest wird in vielen Ländern der Welt gefeiert. Jedes Land kennt dabei unterschiedliche Bräuche und Traditionen:

„Buon Natale" wünscht man sich in **Italien**. Die Italiener stellen Weihnachtskrippen mit wertvollen, handgeschnitzten Figuren auf. Die Geschenke werden von der Dreikönigshexe Befana am 6. Januar, dem Fest der Heiligen Drei Könige, gebracht. An diesem Tag wird gefeiert, dass die Weisen Jesus mit Weihrauch, Myrrhe und Gold beschenkten.

In **Mexiko** wünschen sich die Menschen mit „Feliz Navidad" ein frohes Weihnachtsfest. Es verkleiden sich zwei Menschen als Maria und Josef und ziehen in ihrem Dorf von Haus zu Haus, um eine Herberge für die Nacht zu suchen. Nachdem sie mehrmals abgewiesen wurden, werden sie mit ihren Gästen in ein Haus eingeladen. Hier feiern sie gemeinsam, essen, singen und tanzen die ganze Nacht. Die Geschenke gibt es meist erst am 6. Januar.

Kinder aus **Griechenland** ziehen an Weihnachten singend von Haus zu Haus und bekommen Feigen, Rosinen oder süßes Gebäck geschenkt. Sie wünschen den Menschen „Kala Christougenna". Zwölf Nächte lang werden außerdem Weihnachts-Feuer angezündet, um sich vor Kobolden zu schützen. Geschenke gibt es am 31. Dezember, dem Tag des Heiligen Basilius.

In den **USA** ist Weihnachten sehr lustig. Die Menschen ziehen mit bunten Luftballons durch die Stadt. Sie werfen mit Papierschlangen, lassen Knallfrösche los und zünden Feuerwerke an. Die Geschenke bringt Santa Claus am 24. Dezember. Er fliegt mit seinem Schlitten durch die Lüfte, der von acht Rentieren gezogen wird. An Weihnachten beglückwünscht man sich mit „Merry Christmas".

Weihnachten wird in **Russland** am 7. Januar gefeiert, weil es in Russland eine andere Kalenderrechnung gibt als bei uns. Die Geschenke bringt Väterchen Frost bereits am 31. Dezember. Sein Schlitten wird von drei Pferden gezogen. Mit dabei sind seine Enkelin Schneeflöckchen und sein Enkel Neujahr. Der russische Weihnachtsgruß lautet: „Pozdrevlyayu s prazdnikom Rozhdestva!".

Am 13. Dezember wird in **Schweden** das Luciafest gefeiert. Junge Mädchen tragen weiße Gewänder mit einer roten Schleife und einen Kerzenkranz auf dem Kopf. Sie bringen Licht und Freude in die Häuser und bekommen dort kleine Präsente. Am 24. Dezember kommt der Weihnachtsmann und bringt allen Kindern Geschenke. Frohe Weihnachten heißt auf Schwedisch übrigens „God Jul!".

ISBN 978-3-8346-3199-2 | www.verlagruhr.de

So ist mein Weihnachts-Lapbook

Name: .... Klasse: .... Datum: ....

Schätze ein, wie du die einzelnen Aufgaben erfüllt hast.

Ich habe ausdauernd und selbstständig gearbeitet.

Ich habe sauber und ordentlich gearbeitet.

Ich habe mindestens acht Minibücher bearbeitet.

Ich habe eigene Texte zum Thema Weihnachten geschrieben.

Ich habe meine eigenen Weihnachts-Erfahrungen vorgestellt.

Ich habe eigene Ideen und Bilder eingebracht.

Das ist mir schwergefallen:

....

....

....

Das ist mir leichtgefallen:

....

....

....

So gefällt mir mein Lapbook insgesamt:

ISBN 978-3-8346-3199-2 | www.verlagruhr.de

Bewertung deines Weihnachts-Lapbooks

Name: .... **Klasse:** .... **Bearbeitungszeitraum:** ....

	Punkte	Bemerkungen
1. Arbeitsverhalten		
Du hast selbstständig, planvoll, konzentriert und ausdauernd gearbeitet.	/4	
2. Gestaltung		
Du gestaltest dein Lapbook ansprechend (sauber ausgeschnitten, gefaltet, geklebt, gemalt, geschrieben).	/5	
Du fügst eigene Bilder/Zeichnungen ein.	/2	
Du ordnest deine Minibücher übersichtlich an und wählst verschiedene Formate aus.	/2	
Du achtest auf deine Rechtschreibung.	/2	
3. Inhalt		
Du stellst die Informationen vollständig, sinnvoll und richtig dar (1 Punkt pro Minibuch).	/8	
Du ergänzt eigene Inhalte.	/2	
Du erreichst beim Leser einen Wissenszuwachs.	/1	
Du begründest deine Aussagen logisch.	/1	
4. Präsentation (mündlich)		
Deine Präsentation ist sinnvoll aufgebaut.	/2	
Deine Präsentation ist anschaulich und interessant (Erklärungen, Beispiele ...).	/2	
Du sprichst verständlich (meist frei, ganze Sätze, Körperhaltung, Blickkontakt).	/4	
Du beantwortest die Fragen deiner Mitschüler.	/1	
5. Selbstreflexion		
Du hast deine Arbeit an deinem Lapbook richtig eingeschätzt.	/2	

Das war besonders toll:	**Gesamtbewertung:**
	/38 Punkte **Note:** ....

Unterschrift der Eltern: ....

ISBN 978-3-8346-3199-2 | www.verlagruhr.de

Weihnachten mit allen Sinnen

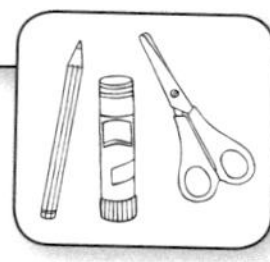

WEIHNACHTEN MIT ALLEN SINNEN

(Klebefläche Lapbook)

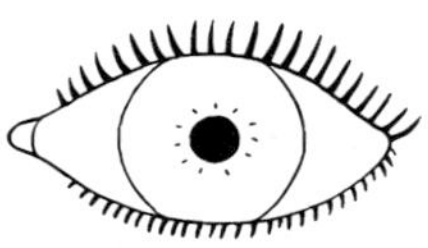

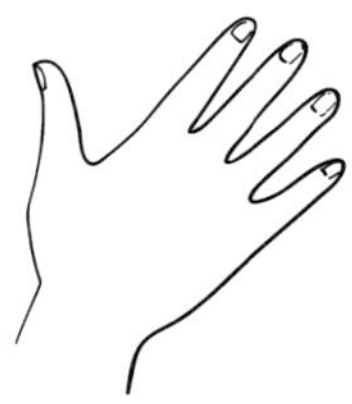

① Schneide die Vorlage an der Schneidelinie aus.

② Schneide die kleinen Klappen an den Schneidelinien ein.

③ Falte die kleinen Klappen an der Faltlinie nach hinten.

④ Falte den Text „Weihnachten mit allen Sinnen“ nach hinten, sodass er über den kleinen Klappen liegt.

❺ Überlege, was du an Weihnachten mit deinen Sinnen Besonderes sehen, riechen, hören, schmecken und fühlen kannst.

❻ Finde für jeden Sinn passende Namenwörter und schreibe sie unter die Klappen mit dem jeweiligen Bild.

⑦ Klebe dein fertiges Faltbuch auf dein Lapbook.

ISBN 978-3-8346-3199-2 | www.verlagruhr.de

Mein Wunschzettel

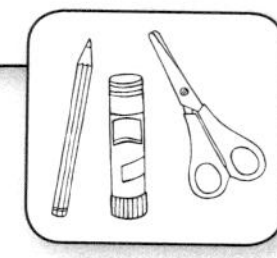

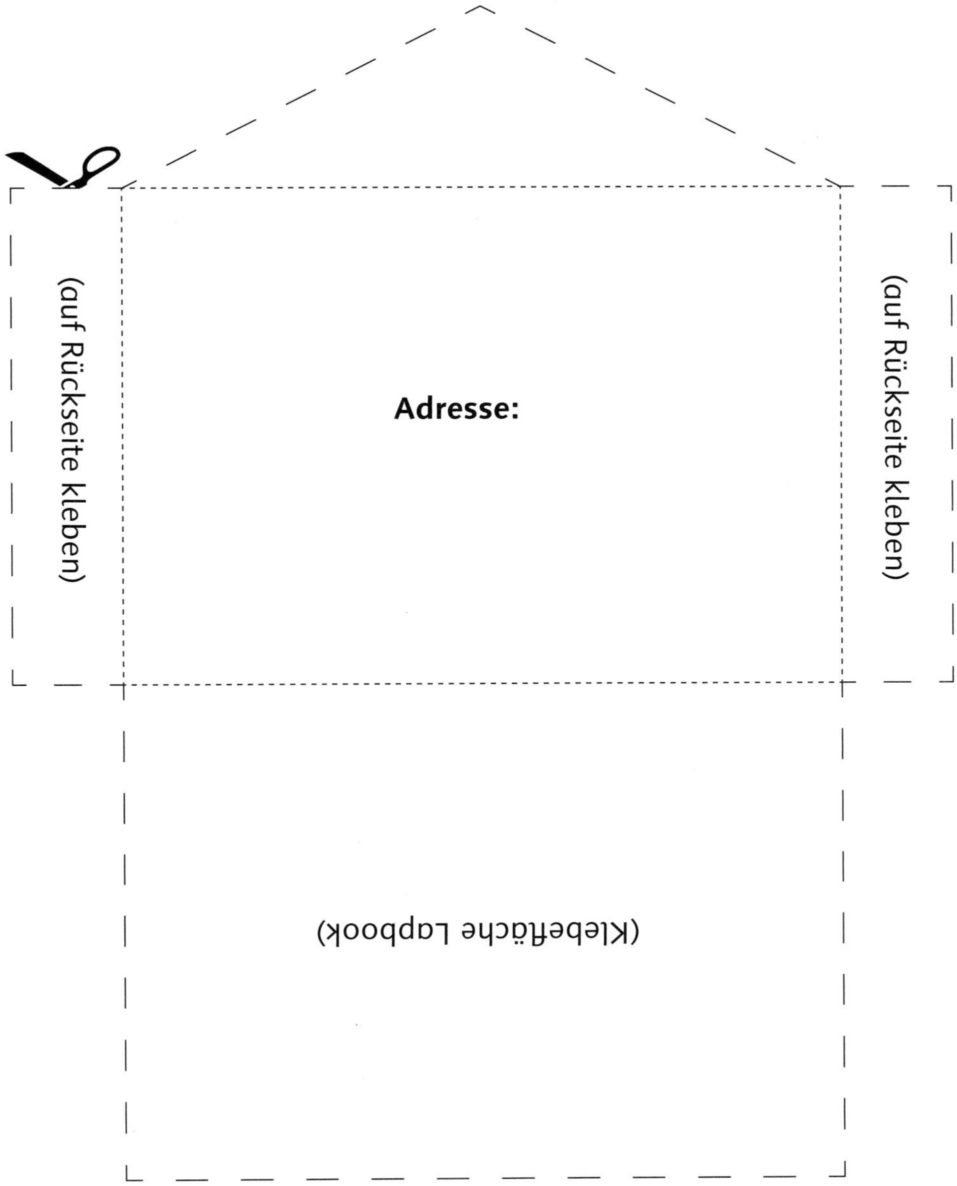

An den Weihnachtsmann
Weihnachtspostfiliale
16798 Himmelpfort

An das Christkind
51777 Engelskirchen

① Schneide den Briefumschlag an der Schneidelinie aus.

② Falte alle drei Rechtecke an der Faltlinie nach hinten und klebe den Briefumschlag zusammen.

③ Falte das Dreieck nach hinten und stecke es in den Briefumschlag.

❹ **Schreibe auf ein A5-Schreibblatt einen Brief an den Weihnachtsmann oder das Christkind.**

- **Was wünschst du dir zu Weihnachten?**
- **Was möchtest du den Weihnachtsmann oder das Christkind gern fragen oder bitten?**

Denke an die Anrede, die Grußformel und deinen Namen.

⑤ Falte deinen Wunschzettel klein und stecke ihn in den Umschlag.

❻ **Schreibe oder klebe die richtige Adresse auf den Briefumschlag.**

⑦ Klebe den Umschlag auf dein Lapbook. Achte darauf, dass du die Brieföffnung nicht festklebst, sondern in den Briefumschlag steckst.

ISBN 978-3-8346-3199-2 | www.verlagruhr.de

Weihnachts-Wörter

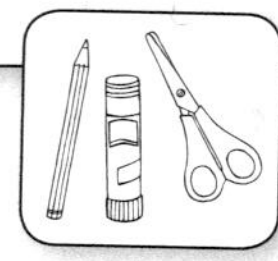

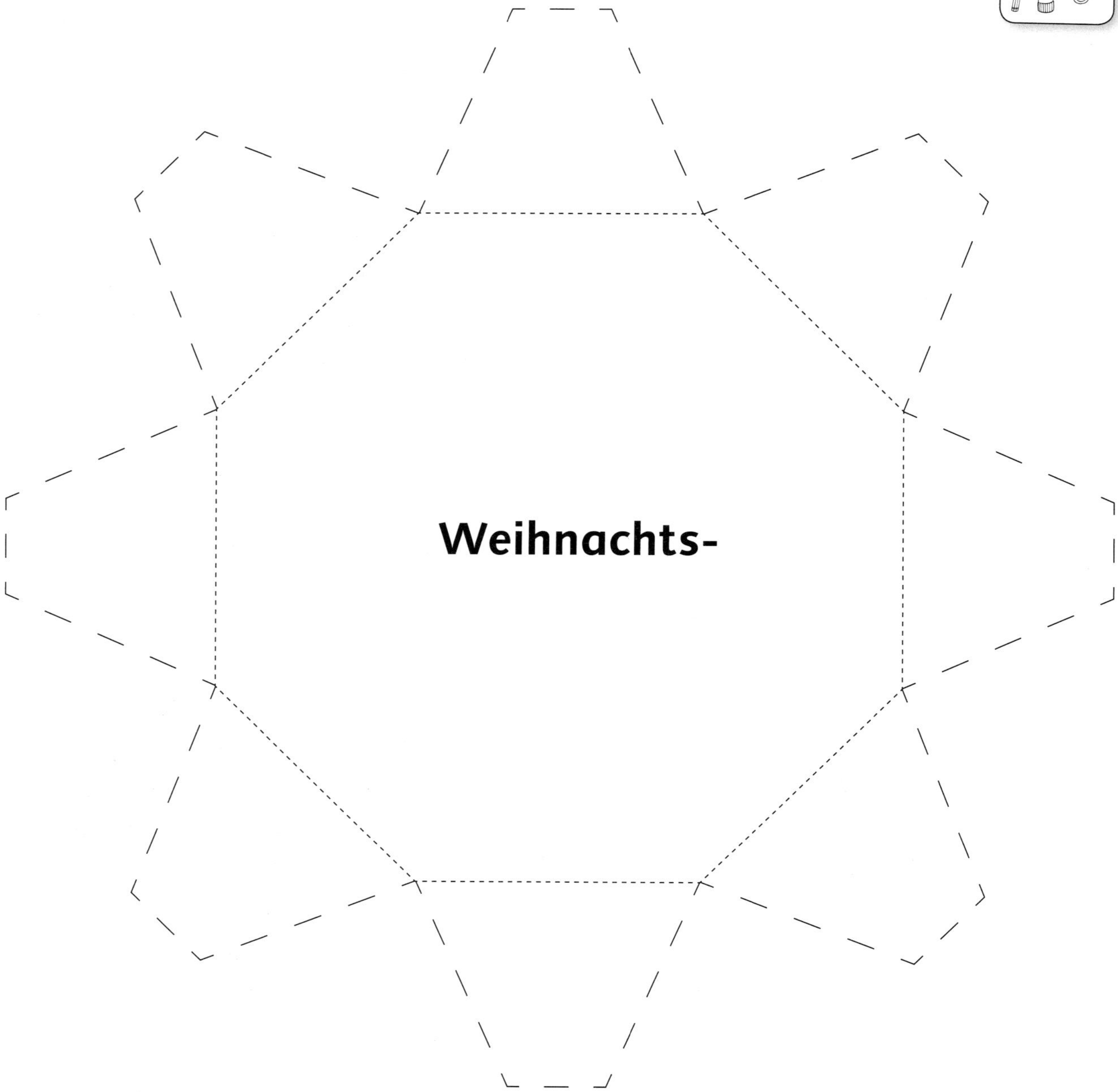

① Schneide den Stern an der Schneidelinie aus.
② Falte alle Klappen an den Faltlinien nach innen.
❸ Finde zusammengesetzte Namenwörter mit dem Bestimmungswort „Weihnachten", zum Beispiel „Weihnachtsbaum", „Weihnachtsglocke" … Öffne dazu immer eine Klappe deines Sterns und schreibe das Wort in die freie Fläche.
❹ Schließe die Klappen und male außen passende Bilder zu den Wörtern.
⑤ Klebe den Stern mit der Rückseite auf dein Lapbook.

ISBN 978-3-8346-3199-2 | www.verlagruhr.de

Mein Weihnachts-Elfchen

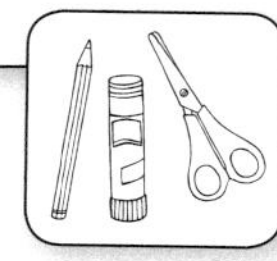

① Schneide das Klappbuch an der Schneidelinie aus.

② Falte die beiden Klappen an den Faltlinien nach hinten.

❸ **Überlege dir ein typisches Substantiv für die Weihnachtszeit, zum Beispiel Rentier, Weihnachtsmann, Tannenbaum ...**

④ Dichte ein Elfchen über dein Weihnachts-Wort.

Erinnere dich:

- **1. Zeile = 1 Wort**
  (Eigenschaft des Weihnachts-Wortes)
- **2. Zeile = 2 Wörter**
  (Weihnachts-Wort mit Artikel)
- **3. Zeile = 3 Wörter**
  (Was macht/denkt/kann das Weihnachts-Wort? Wo ist es?)
- **4. Zeile = 4 Wörter**
  (Was denkst du darüber? Was machst du damit?)
- **5. Zeile = 1 Wort**
  (zusammenfassendes Schlusswort)

❺ **Schreibe dein Elfchen in die Innenseite deines Minibuches.**

❻ **Gestalte dein Klappbuch passend zu deinem Gedicht.**

⑦ Verschließe dein Klappbuch so, dass beide Sterne außen zu sehen sind. Stecke dazu die linke Klappe unter den oberen Stern und die rechte Klappe unter den unteren Stern.

❽ Klebe das Minibuch mit der Rückseite auf dein Lapbook.

ISBN 978-3-8346-3199-2 | www.verlagruhr.de

Plätzchen backen

① Schneide die Keksdose an der Schneidelinie aus.

② Falte die Dose an den Faltlinien. Der Dosendeckel soll über der Dose sein.

❸ **Schreibe in das Innere der Dose das Rezept für deine Lieblingsplätzchen.**
- ➲ **Welche Zutaten brauchst du?**
- ➲ **Wie bereitest du den Teig zu?**
- ➲ **Wie lange und bei welcher Hitze müssen die Kekse im Backofen gebacken werden?**

❹ **Zeichne deine Lieblingsplätzchen auf die Vorderseite der Dose. Du kannst auch ein Foto aufkleben.**

⑤ Klebe deine Keksdose mit der Rückseite auf dein Lapbook.

ISBN 978-3-8346-3199-2 | www.verlagruhr.de

Weihnachts-ABC

Weihnachts-ABC

(unter der Überschrift ankleben)

A ____
B ____
C ____
D ____
E ____
F ____
G ____
H ____
I ____
J ____
K ____
L ____
M ____

N ____
O ____
P ____
Q ____
R ____
S ____
T ____
U ____
V ____
W ____
X ____
Y ____
Z ____

1. **Überlege dir zu jedem Buchstaben des Alphabets ein Wort, das du mit Weihnachten verbindest. Ergänze das Wort, zum Beispiel A wie Adventskranz.**
2. Schneide die beiden Vorlagen an den Schneidelinien aus.
3. Schneide die kleinen Klappen ein und falte sie nach innen. Es darf nur der Anfangsbuchstabe zu sehen sein, wenn die Klappen geschlossen sind.
4. Klebe die Klappbücher nebeneinander mit der Rückseite auf dein Lapbook.

ISBN 978-3-8346-3199-2 | www.verlagruhr.de

Mein schönstes Weihnachts-Erlebnis

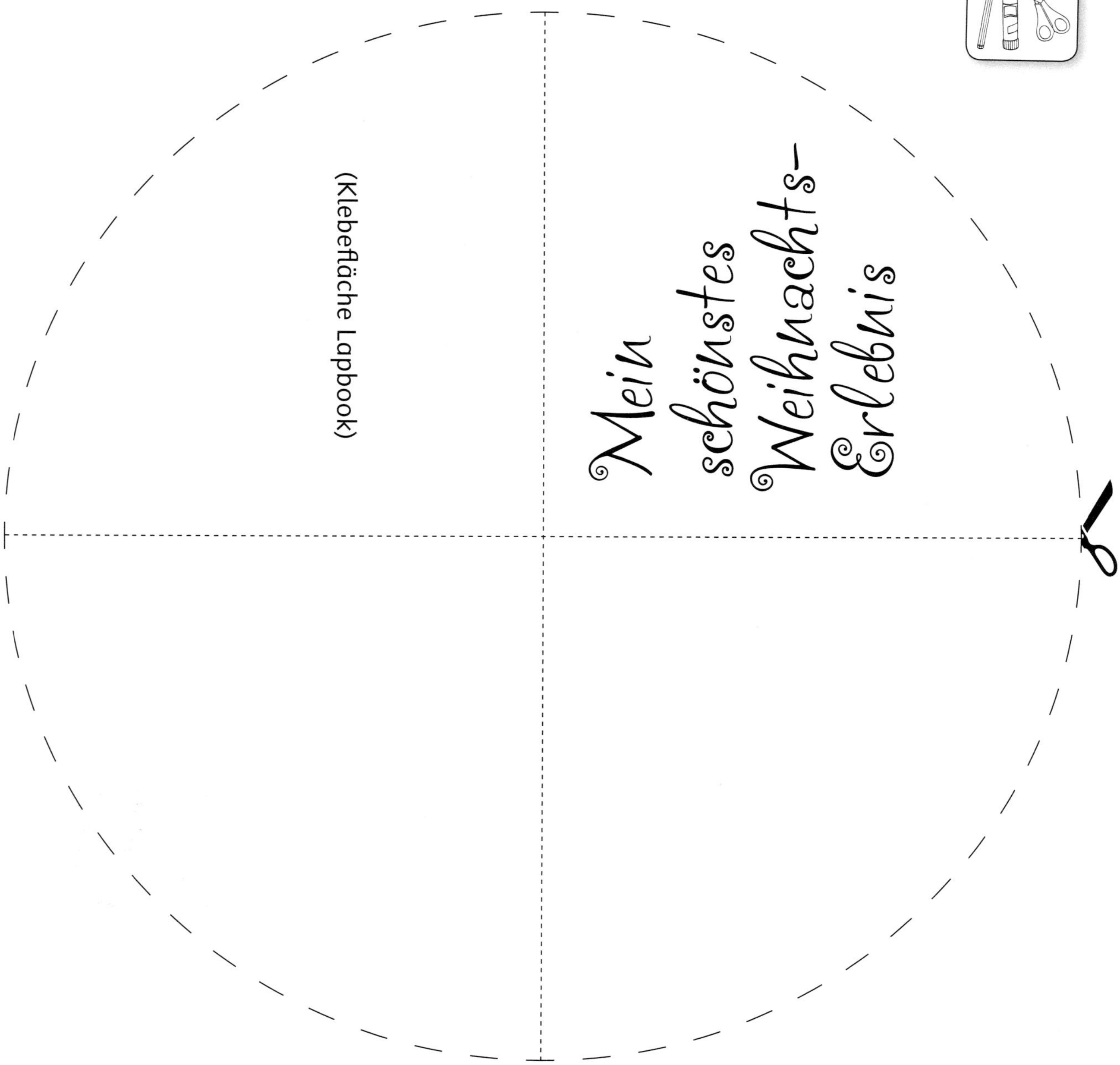

① Schneide den Kreis an der Schneidelinie aus.

② Falte den Kreis zuerst in der Mitte nach hinten.

③ Falte den Halbkreis noch einmal in der Mitte zusammen. Du siehst nur noch die Titelseite deines Faltbuches.

❹ Schreibe einen Text über dein schönstes Weihnachts-Erlebnis.

- **Wann und wo war dein schönstes Weihnachts-Erlebnis?**
- **Wer war dabei und was ist passiert?**
- **Warum ist das dein schönstes Weihnachts-Erlebnis?**

❺ Denke dir eine passende Überschrift für deine Erzählung aus.

❻ Schreibe deine Überschrift und den Text in den aufgefalteten Kreis.

❼ Gestalte den leeren Halbkreis mit einem passenden Bild.

⑧ Klebe dein Kreisbuch mit der Klebefläche auf dein Lapbook.

ISBN 978-3-8346-3199-2 | www.verlagruhr.de

Mein perfektes Weihnachtsfest

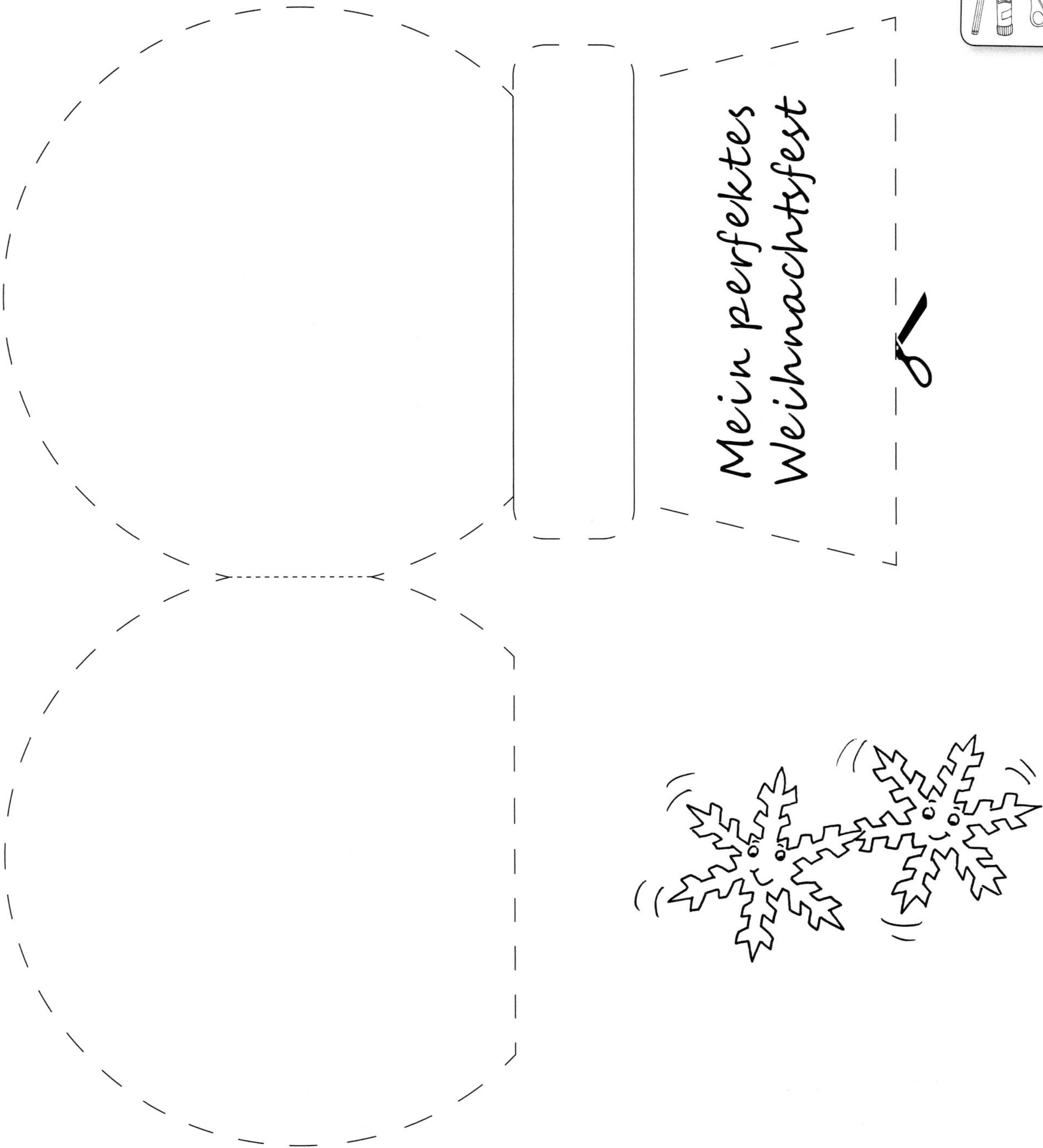

① Schneide die Schneekugel an der Schneidelinie aus.

② Falte den Kreis nach vorn.

❸ **Zeichne auf die Vorderseite der Schneekugel, wie du dir dein perfektes Weihnachtsfest vorstellst.**

❹ **Schreibe in die Schneekugel, was für dich zu einem perfekten Weihnachtsfest gehört.**
- ➲ **Wen möchtest du dabei haben?**
- ➲ **Wo möchtest du feiern?**
- ➲ **Wie möchtest du feiern?**

⑤ Klebe deine fertige Schneekugel auf dein Lapbook.

ISBN 978-3-8346-3199-2 | www.verlagruhr.de

Die biblische Weihnachtsgeschichte (1/2)

Die biblische Weihnachts-geschichte

In Bethlehem fanden sie kein Zimmer. Deshalb übernachteten sie in einem Stall und Maria brachte dort ihr Kind zur Welt.

Maria erschien ein Engel des Herrn. Er sagte zu ihr: „Du wirst Gottes Sohn zur Welt bringen. Er soll Jesus heißen!"

In der Nähe hüteten Hirten ihre Schafe. Ein Engel erschien ihnen und verkündete: „Freut euch, euer Heiland ist geboren!"

Maria reiste mit ihrem Mann Josef auf einem Esel nach Bethlehem, um sich dort in die Steuerlisten eintragen zu lassen.

Die Hirten gingen zum Stall, um Jesus anzubeten und zu ehren.

Teil 2 ankleben

Teil 3 ankleben

ISBN 978-3-8346-3199-2 | www.verlagruhr.de

Die biblische Weihnachtsgeschichte (2/2)

Im Morgenland entdeckten drei Sterndeuter einen leuchtenden Stern am Himmel. Sie sagten: „Der Stern zeigt uns den Weg zu einem großen König."

Die Sterndeuter reisten dem Stern auf ihren Kamelen nach, bis sie in Bethlehem ankamen.

Sie fanden Jesus in einer Krippe und freuten sich sehr. Dann überreichten sie ihm die Geschenke: Gold, Weihrauch und Myrrhe.

1. Schneide alle drei Teile des Leporellos an der Schneidelinie aus.
2. Klebe sie an den angegebenen Klebeflächen zusammen.
3. Falte dein Leporello an den Faltlinien wie eine Ziehharmonika abwechselnd nach vorn und nach hinten.
4. **Lies die Abschnitte der Weihnachtsgeschichte.**
5. **Zeichne zu jedem Abschnitt ein passendes Bild.**
6. Klebe dein fertiges Leporello mit der Rückseite auf dein Lapbook.

ISBN 978-3-8346-3199-2 | www.verlagruhr.de

Nikolausstiefel

① Schneide den Nikolausstiefel an der Schneidelinie aus.

② Schneide die dicke gestrichelte Linie im Stiefel vorsichtig mit der Schere ein.

③ Schneide die Ausziehleiste an der Schneidelinie aus.

④ Stecke die Leiste durch den Schlitz des Nikolausstiefels, sodass du die Leiste einfach herausziehen und hineinstecken kannst.

❺ **Nikolaus von Myra machte den Menschen durch gute Taten kleine Freuden. Überlege dir, wem du in der Weihnachtszeit etwas Gutes tun könntest. Wer bräuchte deine Hilfe? Wobei könntest du helfen?**

❻ **Schreibe deine Überlegungen auf die Ausziehleiste deines Nikolausstiefels.**

⑦ Streiche auf der Rückseite des Stiefels nur den Rand mit Kleber ein und klebe ihn auf dein Lapbook. Achte darauf, dass du die Ausziehleiste nicht mit festklebst.

ISBN 978-3-8346-3199-2 | www.verlagruhr.de

Wer war Nikolaus?

(Nikolaus ankleben)

(Schiff ankleben)

Name: ....

....

Beruf: ....

Wohnort: ....

Zeit: ....

Bekannt für: ....

....

Sterbetag: ....

Wer war Nikolaus?

ISBN 978-3-8346-3199-2 | www.verlagruhr.de

Nikolaus von Myra (2/2)

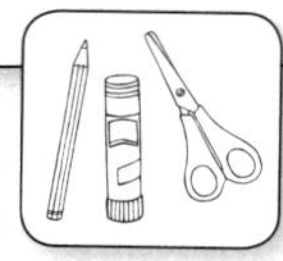

❶ **Lies den Text über Nikolaus von Myra** (S. 16).

❷ **Ergänze mithilfe der Informationen den Steckbrief über Nikolaus von Myra.**

❸ **Male die Bilder von Nikolaus und dem Kornschiff aus.**

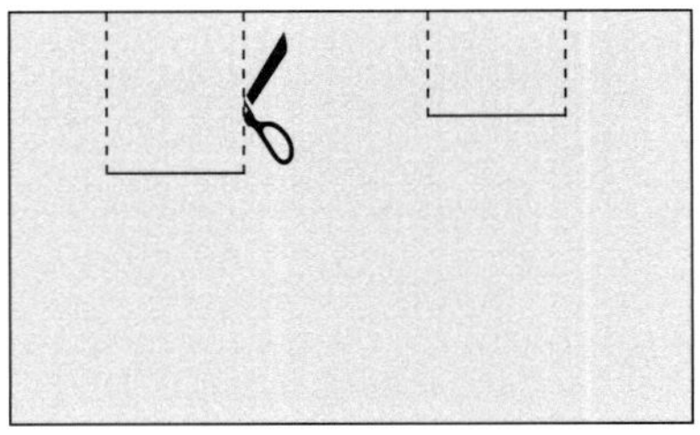

⑥

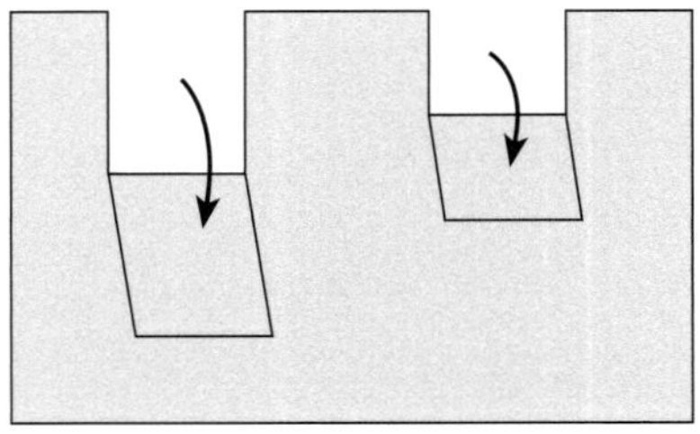

⑦

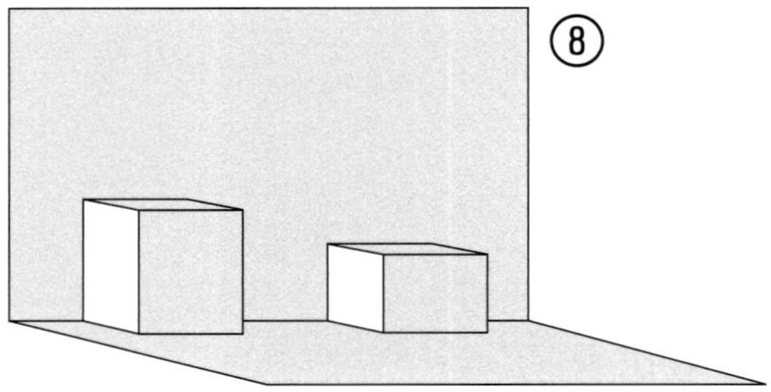

⑧

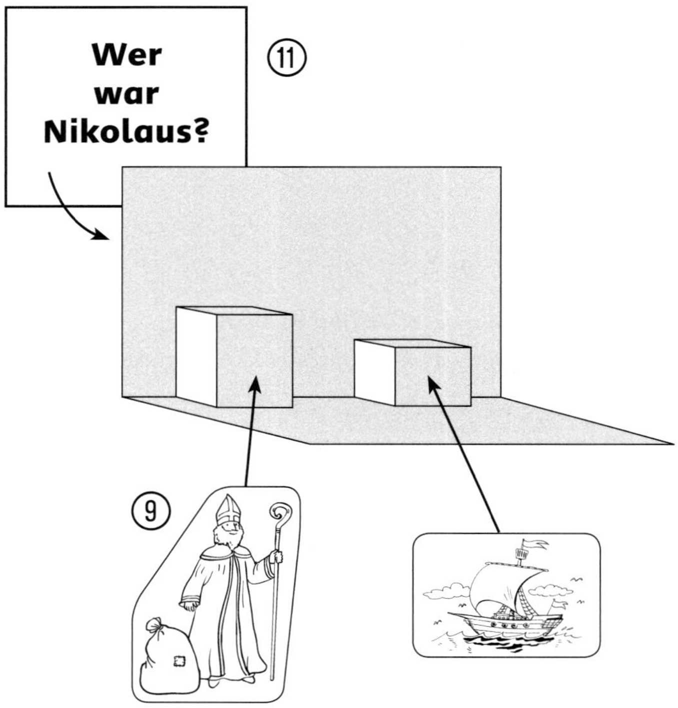

④ Schneide alle Vorlagen an den Schneidelinien aus.

⑤ Falte dein Klappbuch an der Faltlinie nach innen.

⑥ Schneide die 4 Schneidelinien ein.

⑦ Falte die eingeschnittenen Stellen an den Faltlinien nach vorn, nach hinten und wieder zurück.

⑧ Falte die Klappe wieder auf und ziehe die Laschen nach innen. Es muss wie zwei kleine Hocker aussehen.

⑨ Klebe das Bild des Heiligen Nikolaus und das Segelschiff mit der unteren Kante auf die Klebeflächen der Laschen.

⑩ Schließe die Klappe. Achte darauf, dass deine Bilder flach liegen.

⑪ Klebe die Titelseite auf die Außenseite deines Pop-Up-Buches.

⑫ Klebe das Pop-Up mit der Rückseite auf dein Lapbook.

ISBN 978-3-8346-3199-2 | www.verlagruhr.de

Die Weihnachts-Farben

Die Weihnachtsfarben

(Klebefläche)

Ist die Farbe der Liebe. Gott liebt die Menschen.

(Klebefläche)

Ist die Farbe der Hoffnung und Treue. Gott verspricht durch Jesus Christus das ewige Leben.

(Klebefläche)

Ist die Farbe für die Unschuld. Jesus kam, wie alle Menschen, als unschuldiges Baby auf die Welt.

(Klebefläche)

Ist die Farbe des Reichtums. Wer an Gott glaubt, wird reich beschenkt. Jesus bekam es von einem der Weisen geschenkt.

❶ **Lies die Texte in den Sternteilen über die Bedeutung der Weihnachtsfarben.**

❷ **Überlege, welche Farbe jeweils gemeint ist, und male den jeweiligen Sternteil in dieser Farbe aus. Möglich sind: Gold, Weiß, Rot und Grün.**

③ Schneide alle Teile des Sternes an den Schneidelinien aus.

④ Klebe die einzelnen Sternteile an der obersten Zacke der Größe nach aufeinander (der größte Stern ist unten), sodass immer ein Teil des unteren und größeren Sternes zu sehen ist.

⑤ Klebe dein Stufenbuch mit der Rückseite auf dein Lapbook.

Fingerpuppen zur Weihnachtsgeschichte (1/2)

(Klebefläche)

(Klebefläche)

(Klebefläche)

(Klebefläche)

(Klebefläche)

(Klebefläche)

(Klebefläche)

(Klebefläche)

(Klebefläche)

(Klebefläche)

(Klebefläche)

(Klebefläche)

ISBN 978-3-8346-3199-2 | www.verlagruhr.de

Fingerpuppen zur Weihnachtsgeschichte (2/2)

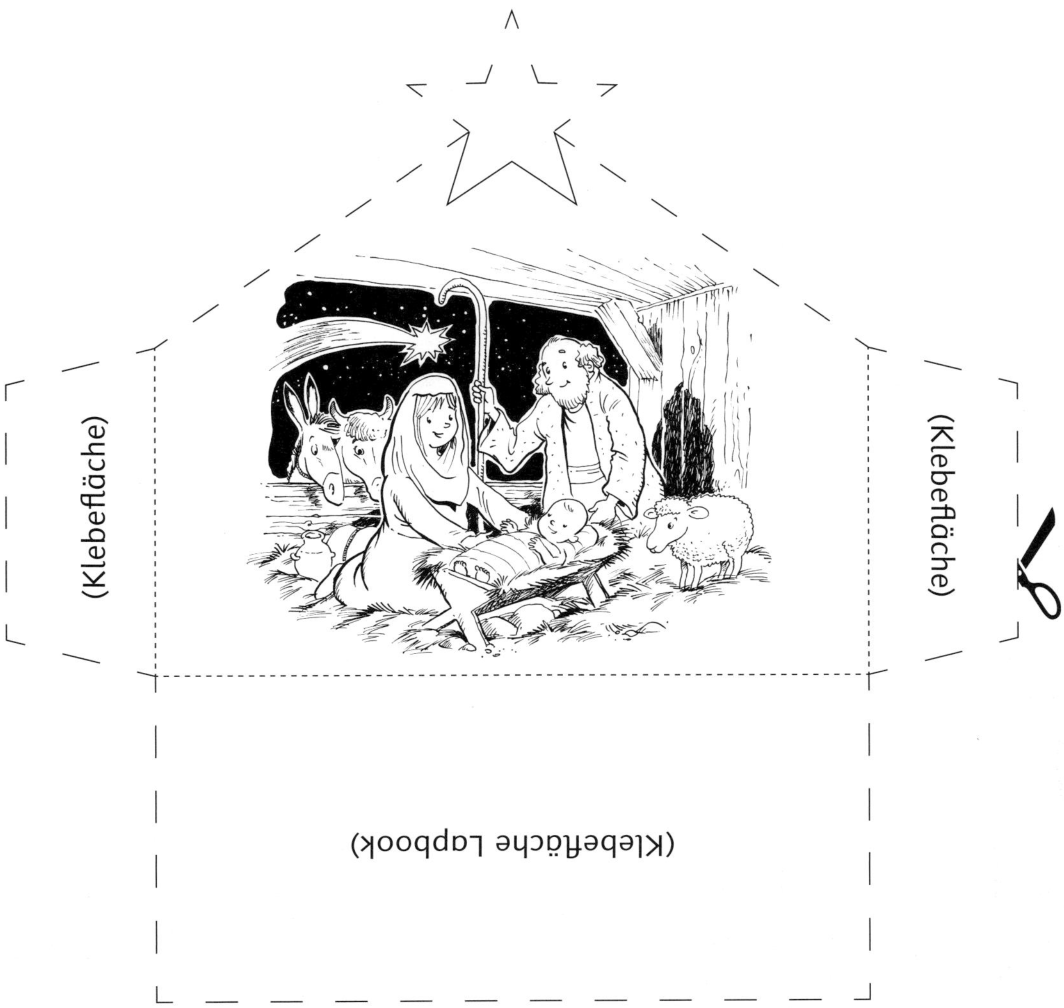

① Schneide die Vorlagen für die Fingerpuppen an den Schneidelinien aus.

② Falte alle Klebeflächen an den Fingerpuppen nach hinten und klebe sie an der Rückseite fest. Es darf nur noch eine Öffnung für deine Finger geben.

③ Schneide die Vorlage für den Stall aus.
Falte alle Seiten nach hinten. Klebe die Klebeflächen auf der Rückseite des Stalls fest.

❹ **Gestalte deine Figuren und den Stall farbig.**

⑤ Klebe den Stall mit der Rückseite auf dein Lapbook.
Stecke die Figuren in die Stalltasche.

❻ **Spielt die Weihnachtsgeschichte mithilfe der Fingerpuppen nach. Denkt euch dazu passende Dialoge aus.**

ISBN 978-3-8346-3199-2 | www.verlagruhr.de

Besondere Tage in der Weihnachtszeit

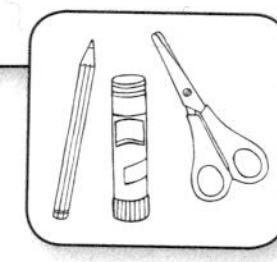

Besondere Tage in der Weihnachtszeit

4 Sonntage vor Weihnachten	25. und 26. Dezember
4. Dezember	31. Dezember
6. Dezember	1. Januar
24. Dezember	6. Januar

① Schneide die Vorlage an der Schneidelinie aus.

② Schneide die kleinen Klappen an den Schneidelinien ein.

③ Falte alle Klappen an der Faltlinie nach vorn.

❹ Schreibe auf die Außenseiten der Klappen das passende Fest zum Datum:
Dreikönigsfest, Silvester, Nikolaus, St. Barbara, Neujahr, 1.–4. Advent, Heiligabend, 1. und 2. Weihnachtsfeiertag

❺ Zeichne passende Bilder auf die Innenseiten der Klappen.

⑥ Klebe dein Klappbuch mit der Rückseite auf dein Lapbook.

ISBN 978-3-8346-3199-2 | www.verlagruhr.de

Unser Weihnachtsmenü (1/2)

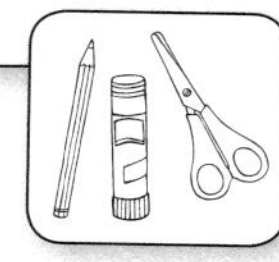

Unser Weihnachtsmenü

Tischdekoration

Seite 2

Gäste

Seite 3

① Schneide alle Vorlagen an den Schneidelinien aus.

② Lege die einzelnen Seiten aufeinander. Beginne mit Seite 6, dann Seite 5 … Die letzte Seite ist die Titelseite.

③ Hefte das Buch mit einem Heftgerät an den beiden Strichen zusammen.

❹ **Beschreibe dein Weihnachtsessen an Heiligabend in deiner Familie. Schreibe in Sätzen.**

- **Wie ist der Tisch gedeckt und geschmückt?**
- **Wer ist zu eurem Weihnachtsessen eingeladen?**
- **Was gibt es als Vor-, Haupt- und Nachspeise?**
- **Welche Getränke gibt es?**

⑤ Klebe dein Buch mit der Rückseite auf dein Lapbook.

ISBN 978-3-8346-3199-2 | www.verlagruhr.de

Unser Weihnachtsmenü (2/2)

Seite 7

Seite 6

Getränke

Nachspeise

Vorspeise

Hauptspeise

Seite 4

Seite 5

ISBN 978-3-8346-3199-2 | www.verlagruhr.de

Christbaumschmuck

1. Schneide die Tannenbäume an den Schneidelinien aus.
2. **Lies den Infotext „Christbaumschmuck"** (S. 15).
3. **Wähle dir 3 der beschriebenen Dinge aus und gestalte zu jedem Schmuck einen Tannenbaum. Zeichne dazu den Baumschmuck auf die Vorderseite. Schreibe die Bedeutung des Schmucks auf die Rückseite.**
4. Lege die Tannenbäume übereinander. Die Titelseite muss oben liegen.
5. Verbinde die Tannenbäume mit dem Heftgerät an dem dicken Strich.
6. Klebe das Tannenbaumbuch mit der Rückseite auf dein Lapbook.

ISBN 978-3-8346-3199-2 | www.verlagruhr.de

Der Weihnachtsmann

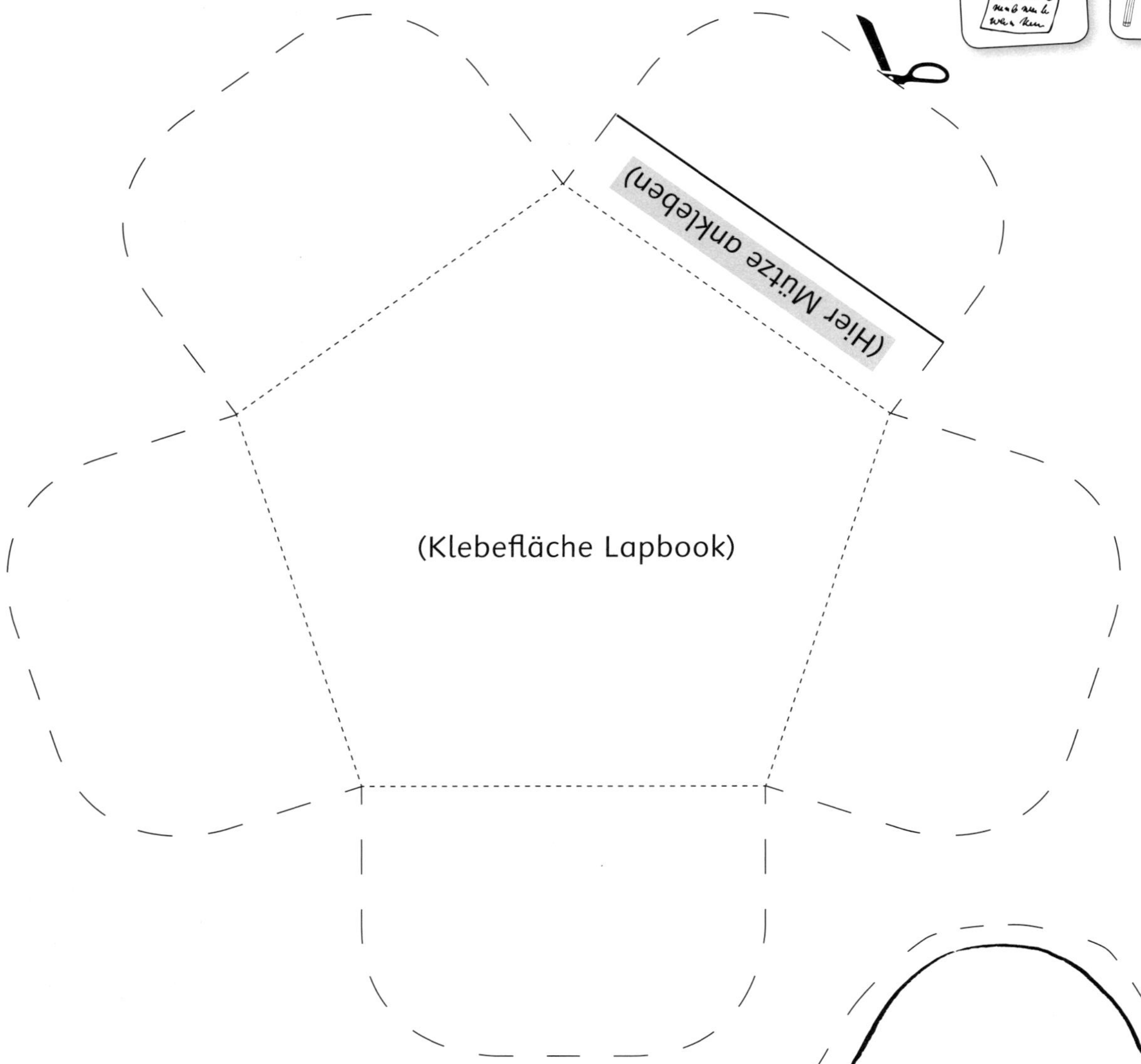

① Schneide die Mütze und die Faltvorlage an den Schneidelinien aus.
② Falte alle Klappen an der Faltlinie nach hinten.
③ Klebe die Mütze mit der Fellkante an die angegebene Klebekante. Diese Klappe muss oben liegen.
❹ **Male das Gesicht des Weihnachtsmannes auf das geschlossene Minibuch.**
❺ **Lies den Text über den Weihnachtsmann** (S. 16)**.**
❻ **Schreibe mindestens fünf Informationen über den Weihnachtsmann in das aufgeklappte Weihnachtsmann-Gesicht.**
⑦ Klebe das Gesicht mit der Rückseite auf dein Lapbook.

ISBN 978-3-8346-3199-2 | www.verlagruhr.de

Adventsbräuche (1/2)

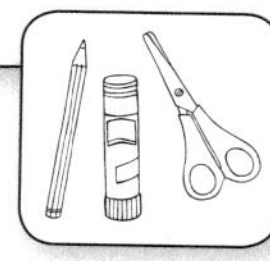

① Schneide die einzelnen Vorlagen an den Schneidelinien aus.
② Falte die Klebeflächen an den Faltlinien nach hinten und klebe sie auf dein Lapbook.
③ Schneide die Erklärungskärtchen an den Schneidelinien aus.
❹ Ordne die Erklärungskärtchen den richtigen Weihnachtssymbolen zu. Klebe sie auf die Rückseite des jeweiligen Minibuches.
❺ Gestalte die Titelseiten farbig.
❻ Überlege dir einen typischen Brauch in der Adventszeit und gestalte eine eigene Klappe (zum Beispiel Tannenbaum, Nikolaus, St. Barbara ...).

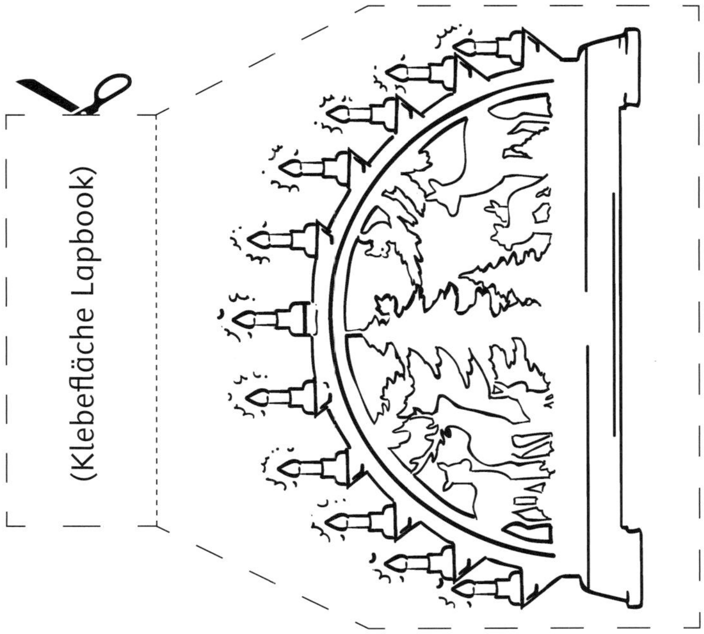

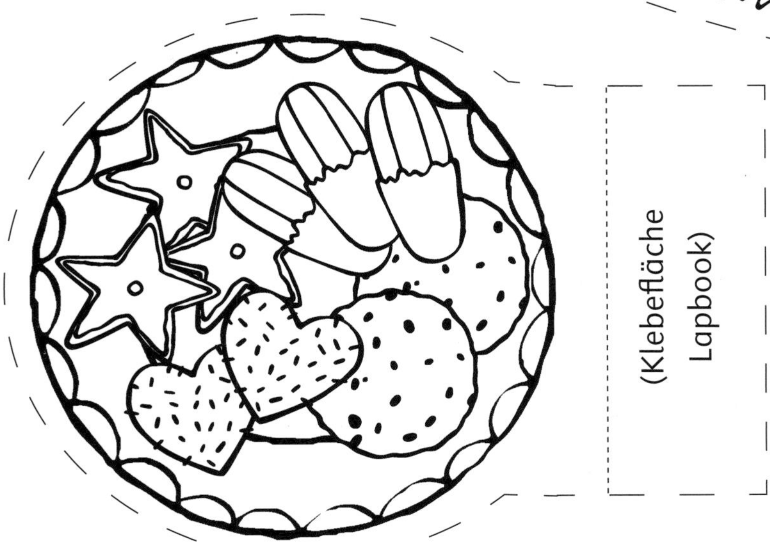

ISBN 978-3-8346-3199-2 | www.verlagruhr.de

Adventsbräuche (2/2)

(Klebefläche Lapbook)

(Klebefläche Lapbook)

(Klebefläche Lapbook)

Auf dem Weihnachtsmarkt gibt es kleine Verkaufsstände, an denen man Geschenke, Weihnachtsschmuck oder kleine Leckereien kaufen kann.

Die Weihnachtskrippe ist ein beliebter Weihnachtsschmuck. Sie erinnert an die Geburt Jesu.

An jedem Adventssonntag wird eine Kerze mehr am Adventskranz angezündet.

Vom 1. bis 24. Dezember öffnen die Kinder ein Türchen an ihrem Adventskalender. Er soll das Warten auf Weihnachten erleichtern.

In der Adventszeit werden leckere Plätzchen und Lebkuchen gebacken. Früher wurden Lebkuchen von Klöstern im Winter an die Armen verteilt.

In den Fenstern werden zur Adventszeit Lichterbögen aufgestellt. Es ist eine alte Tradition aus dem Erzgebirge.

ISBN 978-3-8346-3199-2 | www.verlagruhr.de

Die Geschichte des Adventskranzes

Zur Adventszeit gehört ein .... Im 19. Jahrhundert leitete der Hamburger Theologe Johann Hinrich Wichern ein .... für Kinder und Jugendliche ohne Eltern. Hier konnten sie schlafen und ....

Der Pfarrer wollte den Kindern zeigen, wie lange es noch bis .... dauert. Er befestigte auf einem großen Kutschenrad aus Holz 24 kleine und 4 große .... und hängte es an die Decke des Hauses. Für jeden Tag im Dezember zündete er eine kleine und an den vier Adventssonntagen eine .... Kerze an.

So brannten am Heiligabend alle Kerzen. Später schmückten die Kinder den Kranz mit grünen .... Wicherns Idee fanden viele Familien schön.

Da der erste Adventskranz allerdings sehr groß war, passte er nicht ins .... Deshalb wurden nur noch .... Kerzen auf einen kleineren Kranz gestellt. An jedem .... wird nun eine Kerze mehr angezündet.

① Schneide die Vorlage an der Schneidelinie aus.

② Falte die beiden Teile des Adventskranzes nach außen und die beiden inneren Teile nach innen. Wenn du das Buch nun schließt, ist der Adventskranz zusammen.

❸ **Lies den Lückentext über die Entstehung des Adventskranzes. Setze die Lückenwörter an der richtigen Stelle ein:**
- **Adventskranz**
- **Adventssonntag**
- **große**
- **Heiligabend**
- **Heim**
- **Kerzen**
- **lernen**
- **Tannenzweigen**
- **vier**
- **Wohnzimmer**

❹ **Gestalte den Adventskranz farbig.**

⑤ Klebe dein Minibuch auf dein Lapbook.

ISBN 978-3-8346-3199-2 | www.verlagruhr.de

Weihnachten rund um die Welt

Land: ....

„Frohe Weihnachten“ heißt:

....

Wann wird Weihnachten gefeiert?

....

Wer bringt die Geschenke?

....

Land: ....

„Frohe Weihnachten“ heißt:

....

Wann wird Weihnachten gefeiert?

....

Wer bringt die Geschenke?

....

Land: ....

„Frohe Weihnachten“ heißt:

....

Wann wird Weihnachten gefeiert?

....

Wer bringt die Geschenke?

....

① Schneide die Kreise an den Schneidelinien aus.

② Lege die Kreise aufeinander. Die Titelseite muss oben liegen.

③ Stich den schwarzen Punkt vorsichtig mit einem spitzen Bleistift ein. Verbinde die Teile mit der Musterklammer.

❹ **Lies den Informationstext „Weihnachten rund um die Welt“ (S. 17).**

❺ **Wähle drei Länder aus und ergänze für jedes Land den Steckbrief.**

⑥ Klebe das Kreisbuch mit der Rückseite auf dein Lapbook.

ISBN 978-3-8346-3199-2 | www.verlagruhr.de

Christmas words

1. Schneide alle Vierecke an der Schneidelinie aus.
2. **Schreibe auf die Rückseite der Vierecke das passende englische Wort zur Abbildung: angel, bell, candle, Christmas cards, Christmas tree, gingerbread, present, reindeer, Santa Claus, sleigh, star.**
3. Lege alle Vierecke mit dem Bild nach oben aufeinander.
4. Stich die Vierecke an den schwarzen Kreisen vorsichtig mit einem spitzen Bleistift ein.
5. Verbinde die Vierecke mit einer Musterklammer.
6. Klebe deinen Fächer mit der Rückseite des letzten Vierecks auf dein Lapbook. Achte darauf, dass du die Musterklammer nicht mit festklebst, damit du den Fächer leicht öffnen kannst.

ISBN 978-3-8346-3199-2 | www.verlagruhr.de

The Christmas tree

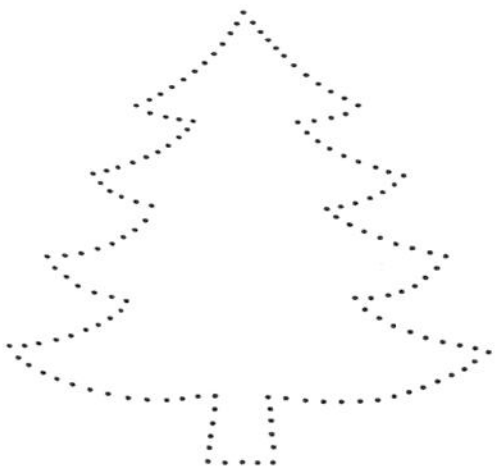

Put three stars on the tree.

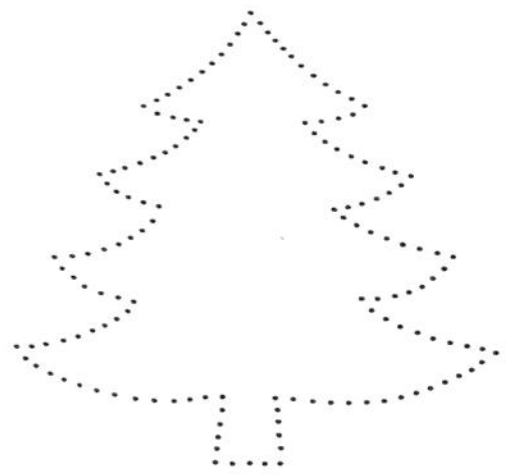

Put eight candles on the tree.

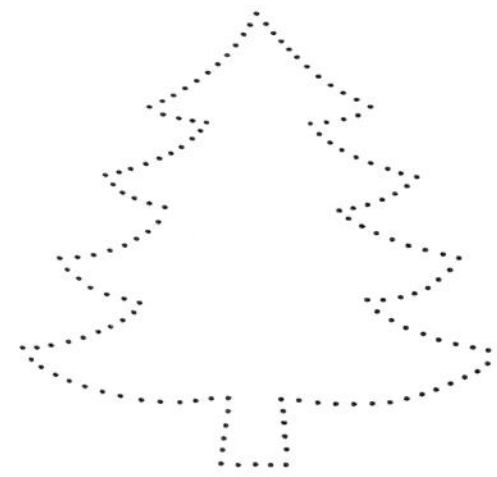

Put five balls on the tree.

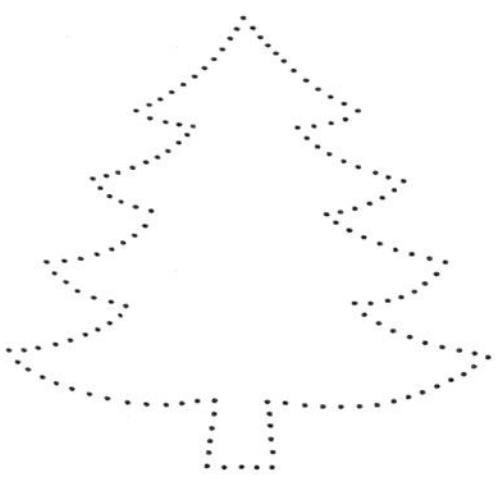

Put an angel on the tree.

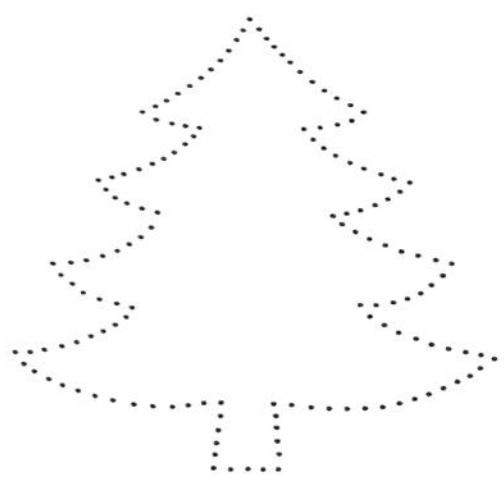

Put six candy canes on the tree.

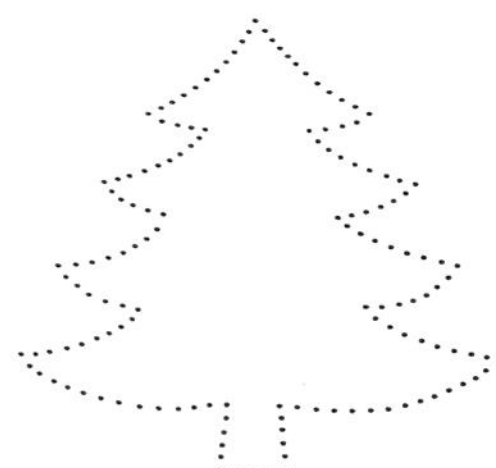

Put two bells on the tree.

(Klebefläche Lapbook)

Let's decorate the Christmas tree!

(nach hinten falten und hinter der Rückseite festkleben)

(nach hinten falten und hinter der Rückseite festkleben)

① Schneide die Karten und die Tasche an den Schneidelinien aus.

② Falte die Rückseite der Tasche an der Faltlinie nach hinten. Falte die beiden kleinen Klebeflächen nach hinten und klebe sie auf der Rückseite fest.

❸ **Die englischen Sätze verraten dir, wie die einzelnen Bäume geschmückt werden sollen. Zeichne den Baumschmuck in der beschriebenen Anzahl auf den jeweiligen Baum.**

④ Stecke deine Karten in die Tasche. Klebe die Tasche mit der Rückseite auf dein Lapbook.

ISBN 978-3-8346-3199-2 | www.verlagruhr.de

Mein liebstes Weihnachtslied

① Schneide die Glocke an der Schneidelinie aus.

② Falte die Glocke an der Faltlinie nach außen.

❸ **Schreibe den Text deines liebsten Weihnachtliedes in die Innenseite der Glocke.**

❹ **Gestalte deine Glocke passend zum Lied.**

⑤ Klebe die Glocke mit der Rückseite auf dein Lapbook.

ISBN 978-3-8346-3199-2 | www.verlagruhr.de

Medientipps

Aichele, Gabriele:
Max erforscht Weihnachtsbräuche rund um die Welt.
Verlag an der Ruhr, 2011.
ISBN 978-3-8346-0869-7

Blumhagen, Doreen:
Mein „Das bin ich!"-Lapbook.
Verlag an der Ruhr, 2016.
ISBN 978-3-8346-3117-6

Bogdahn, Hanna:
Vorlesebuch Advent und Weihnachten.
Claudius, 2012.
ISBN 978-3-532-71184-2

Dosch, Elke; Grabe, Astrid:
20 Mini-Aufführungen für Weihnachtsfeiern in der Grundschule.
Verlag an der Ruhr, 2015.
ISBN 978-3-8346-2964-7

Erkert, Andrea:
Das Adventsspiele-Buch.
Ökotopia, 2008.
ISBN 978-3-86702-060-2

Hanneforth, Alexandra:
Die Weihnachts-Werkstatt für das 1. Schuljahr.
Verlag an der Ruhr, 2012.
ISBN 978-3-8346-2245-7

Hartmann, Luisa:
24 Adventsgeschichten.
Verlag an der Ruhr, 2007.
ISBN 978-3-8346-0300-5

Hennig, Anke; Willmeroth, Sabine:
Die Weihnachts-Werkstatt für das 2. Schuljahr.
Verlag an der Ruhr, 2014.
ISBN 978-3-8346-2604-2

Hennig, Anke; Willmeroth, Sabine:
Die Weihnachts-Werkstatt für das 3. Schuljahr.
Verlag an der Ruhr, 2014.
ISBN 978-3-8346-2605-9

Hennig, Anke; Willmeroth, Sabine:
Die Weihnachts-Werkstatt für das 4. Schuljahr.
Verlag an der Ruhr, 2014.
ISBN 978-3-8346-2606-6

Horst, Chantal Daniela; Rath, Barbara:
24 x Gedichtespaß zu Weihnachten.
Lernbiene, 2014.
ISBN 978-3-95664-783-3

Maibaum, Svenja:
Klasse(n-) Adventsideen für Kurzentschlossene.
Verlag an der Ruhr, 2009.
ISBN 978-3-8346-0562-7

Rehm, Dieter; Mutter, Elmar:
Swinging Christmas, m. Audio-CD.
Brigg, 2012.
ISBN 978-3-87101-682-0